Ravensburger Hobbybücher

Julie Landis-Sager

Salzteigfiguren

Otto Maier Verlag
Ravensburg

Fotos: Helen Sager
Zeichnungen: Julie Landis-Sager
Printed in Germany

84 83 82 81 8

ISBN 3-473-45580-6

Inhalt

Das Salzteig-Rezept

entweder 1 + 1 + ½

oder 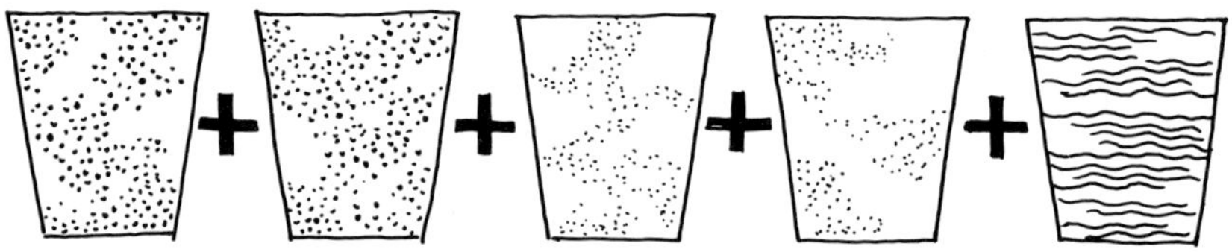 **= 5**

Präzises Abmessen lohnt sich, denn der Teig trocknet schnell an. Es ist deshalb besser, nicht zuviel auf einmal anzurühren, denn eine neue Portion ist schnell gemischt. Altes, zum Backen ungeeignetes Mehl kann noch sehr gut dafür verarbeitet werden.
Sie mischen also zwei Teile Salz und zwei Teile Mehl gut durch, geben einen Teil Wasser dazu und kneten daraus einen Teig, der weder zu feucht, noch zu trocken sein sollte. Zu feuchter Teig klebt an den Händen, ist er zu trocken, so fehlt die Geschmeidigkeit und die Masse wird bröckelig. Wichtig ist, daß keine Mehlklumpen mehr im Teig sind, wenn man zu modellieren beginnt.

wir formen einen Engel

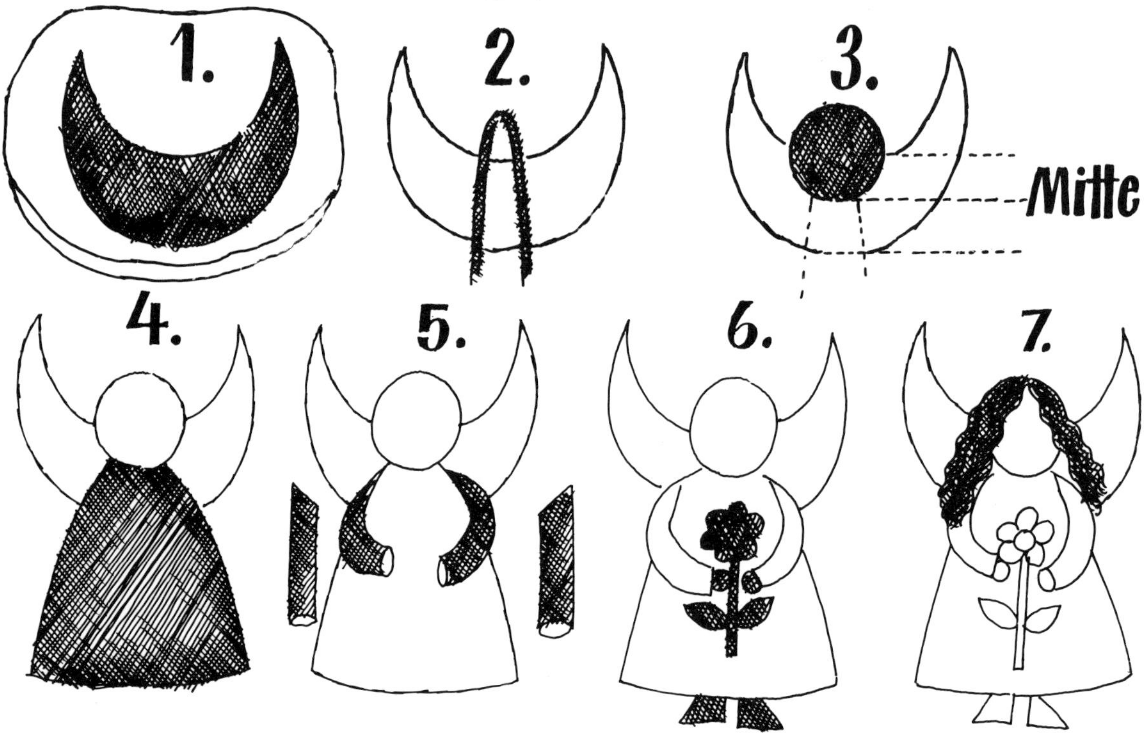

Wir formen einen Engel

1. Zuerst wellen Sie den Teig etwa 8 mm dick aus und schneiden mit einem spitzen Messer die Flügelform aus.
2. Jetzt legen Sie darüber einen soliden Faden als Aufhänger.
3. Als nächstes wird eine Kugel für den Kopf geformt und auf Flügel und Faden plaziert.
4. Das Kleid wird aus dem Teig geschnitten und an den Kopf angesetzt. Am besten befeuchten Sie jede Stelle, die verleimt werden soll.
5. Aus einem Stück Teig drehen Sie nun dicke Rollen und schneiden Stücke für die Arme ab. Sie werden mit etwas Wasser an den Körper angefügt.
6. Kleine Kugeln ergeben Hände und Füße und zwischen die Hände legen Sie eine Blume, eine Kerze, einen Vogel, ein Buch ...
7. Nun werden die Haare gemacht. Dazu drükken Sie mit dem Finger ein kleines Stück Teig etwa 2 mm dünn und schneiden es mit dem Messer in feine Streifen. Bevor sie auf dem Kopf angeordnet werden, befeuchtet man ihn mit ein wenig Wasser. Natürlich können auch ganz dünn ausgerollte Schnüre zu Haaren geschnitten, evtl. auch zu Zöpfen geflochten und angesetzt werden.

Den fertigen Engel heben Sie mit einem Haushaltspachtel oder einem Messer auf ein leicht bemehltes Backblech, schieben ihn in den vorgeheizten Backofen und lassen ihn während ca. 1/2 - 3/4 Std. bei 150° hart werden.
Während der Backzeit darf die Ofentüre ohne weiteres zur Kontrolle geöffnet werden.

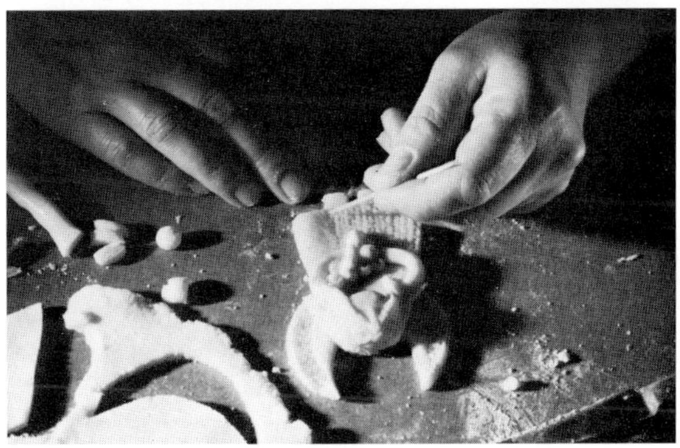

Erst grundieren, dann bemalen

Sobald die Teigfigur gebacken, hart und gut ausgekühlt ist, wird sie grundiert. Sie nehmen dazu am besten weiße Deckfarbe. Auf diese Art vorbereitete Figuren lassen die darauf gemalten Farben viel intensiver wirken. Für die feinen Malereien benötigen Sie einen Marderhaarpinsel, während zum Grundieren ein Borstenpinsel ausreicht.

Verzierungen

Unbemalte, gebackene Teigfiguren sehen sehr hübsch aus und sind auch schnell hergestellt. Je reicher und präziser die reliefartigen Verzierungen ausgeführt werden, umso kostbarer sehen die einfachsten Figuren nachher aus.

Legen Sie sich zuerst alle Geräte zurecht, die zum Verzieren geeignet sind: Messer, Pinzetten, Modellierstäbe, Zahnstocher, Federn, Ösen und Nadeln in verschiedenen Größen. Dann erst schneiden Sie die gewünschte Form aus und fangen sofort mit dem Verzieren an. Sie sollten nicht allzulange an einem Sujet arbeiten, da die Oberfläche des Teiges rasch trocken und spröde wird. Dadurch würden die Muster unscharf und Sie riskieren, daß die Oberfläche beim Backen brüchig wird. Besonders gelungene Stücke bäckt man evtl. etwas stärker, damit ein zusätzlicher Effekt durch die diversen Brauntöne erreicht wird. Nach dem Erkalten lackieren Sie Vorder- und Rückseite mit Klarlack. Wollen Sie einzelne Stücke aufhängen, stechen Sie mit einer Stricknadel ein Loch in den weichen Teig.

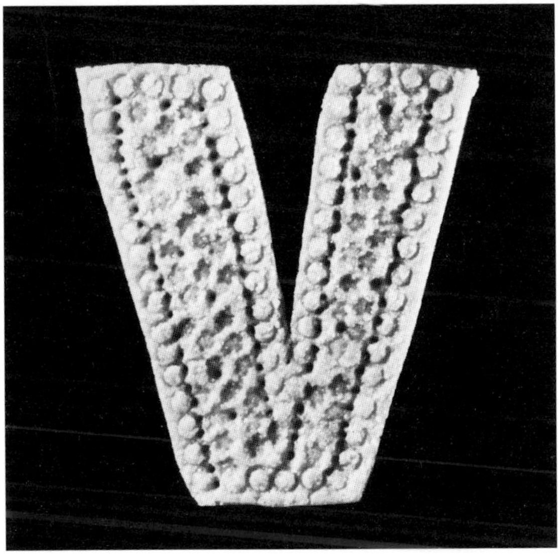

MAJA

Eine Bastelarbeit für Kinder

Auf einfache Art und Weise lassen sich mit Ausstecherformen hübsche Anhänger anfertigen. Sie eignen sich als Schmuck für den Weihnachtsbaum, zur Verzierung eines Pakets oder einfach als kleines, ganz persönliches Geschenk.

die kleine Vase

Auch dieser Teig wird etwas fester angerührt, 8 mm dünn ausgerollt und ein Rechteck von 8 x 3 cm ausgeschnitten.
Der Streifen wird zusammengerollt und die beiden Enden mit einem Modellierstab von innen gut angedrückt. Jetzt wird eine Kugel geformt und von oben in den Zylinder geschoben. Ebenfalls mit einem Holz oder den Händen gut andrücken, auf das Backblech heben und ca. 40 Minuten backen. Anschließend wird sie bemalt und lackiert.

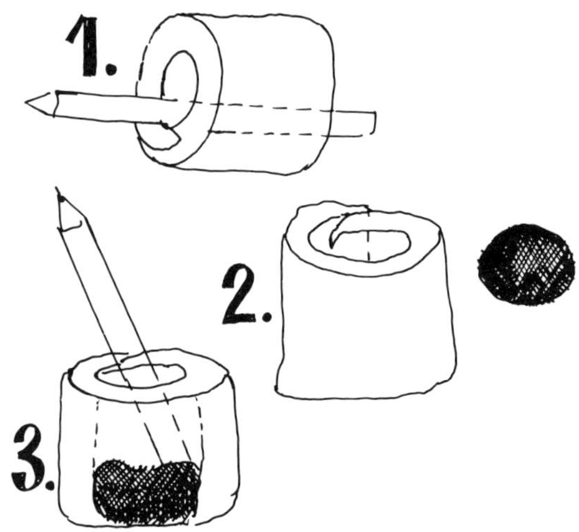

Kopien · Model · Springerleformen

Salzteig eignet sich sehr gut, um Kopien alter Springerle herzustellen. Vielleicht ist dies der Anfang einer eigenen Sammlung?

Die Originalformen werden mit Mehl bestäubt, in den nicht allzu feuchten Teig gedrückt, ausgeschnitten und gebacken.
Ein eigenes Model entsteht, indem zuerst eine einfache Figur geformt und gebacken wird. Nach dem Erkalten stäubt man Mehl darüber und drückt die Figur in ein ca. 4 cm dickes Stück Teig. Vorsichtig wieder abheben! Nun wird der Abdruck gebacken und mit ein wenig Glück hat sich daran auch nichts verändert.

M
A

Dekorative Kerzenhalter

Sie benötigen dazu große und kleine Ausstecherformen, Fantasie und ein klein wenig Ausdauer.
Der Teig für die Basis wird etwa 1 cm dick ausgerollt, mit Hilfe eines Glases oder Ausstechers eine Scheibe ausgeschnitten und mit einer Kerze das Loch in der Mitte markiert. Und nun bleibt alles weitere Ihrer Fantasie überlassen. Geometrisch angeordnete Muster beispielsweise sind einfach herzustellen und ausgeschnittene Teigbuchstaben ergeben eine originelle Tischkarte.
Nach der Dicke des Kerzenhalters richtet sich die Backzeit. Nach dem Auskühlen wird grundiert und anschließend mit Deckfarbe bunt angemalt. Naturbelassen und nur lackiert sehen diese Kerzenhalter besonders harmonisch aus.

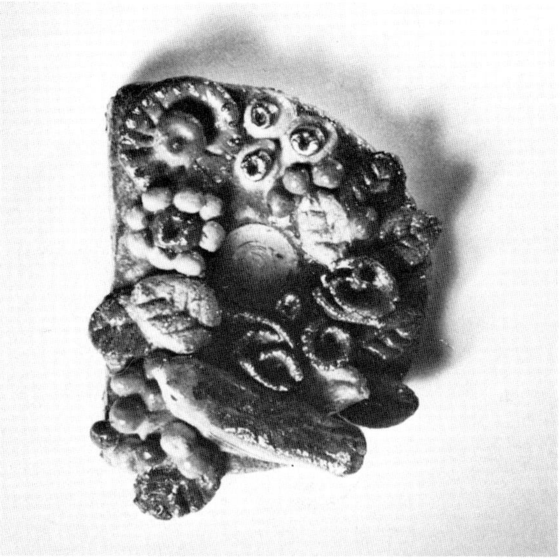

Rosen aus Salzteig

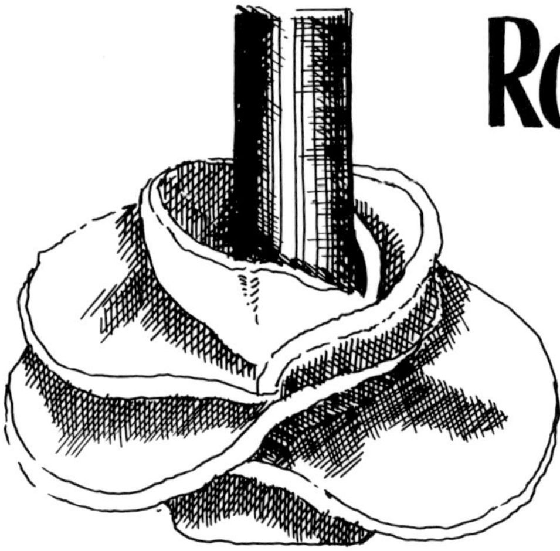

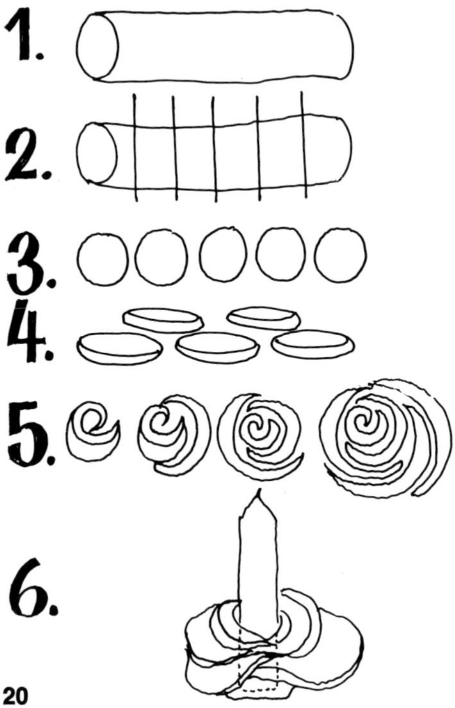

Diesem Teig sollten Sie etwas mehr Mehl beifügen, damit er trockener wird. Ist er zu feucht, bleiben die Blütenblätter nicht stehen.

1. Sie formen eine Walze von ca. 2 1/2 cm Dikke und 14 cm Länge.
2. Davon schneiden Sie 5 gleichgroße Stücke ab.
3. Zwischen den Handflächen werden davon Kugeln gerollt.
4. Jede Kugel wird nun zu einer etwa 3 - 4 mm dünnen Scheibe flachgedrückt.
5. Die erste Scheibe wird lose zusammengerollt, die zweite um die erste, die dritte um die zweite usw.
6. Mit drehenden Bewegungen drücken Sie nun eine Kerze in das Roseninnere. Dabei wird noch eine Art Fuß geformt und die Rose kann gebacken werden. Die Kerze wird vorher natürlich wieder entfernt. Die Backzeit beträgt etwa 40 Minuten.

D

Färben mit Pulverkaffee

Sie bereiten den Teig nach dem üblichen Rezept zu und teilen ihn in drei Teile. Einen Teil lassen Sie natur, dem zweiten geben Sie einen Kaffeelöffel angelösten Pulverkaffee bei und den dritten Teil färben Sie mit einem halben Kaffeelöffel. Nun werden die unterschiedlich getönten Teigstücke ausgerollt und Blumen, Kränzchen, Tiere u. ä. daraus geformt und gebacken. Nach dem Erkalten braucht nur noch lackiert zu werden.
Tip: Gleichgroße Kügelchen erhalten Sie, wenn Sie von einer Teigrolle gleichgroße Stücke abschneiden und in der Handfläche formen.

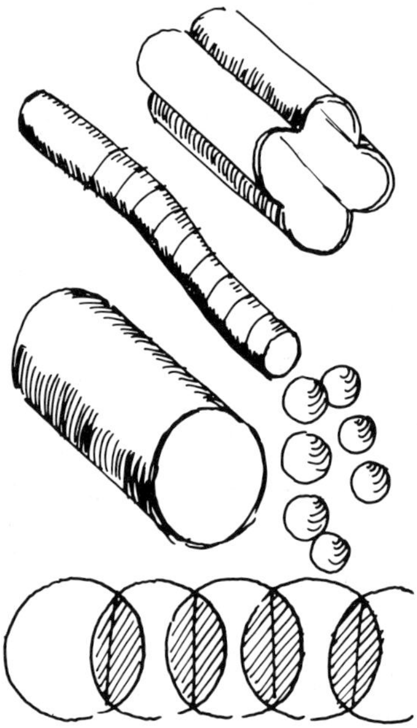

Gratis aus Wald und Garten

Unzählige reizvolle Dekorationen aus Salzteig geben einen hübschen Zimmerschmuck, wenn man sie an dürre oder grünende Äste hängt. So wie der Adventsbaum mit roten Herzchen behangen ist, können Sie auch einen Osterbaum mit Teigeiern schmücken.
Die Natur ist eine wahre Fundgrube für mannigfaltige Verzierungen. Sie können Samen,

Bohnenkerne, Kapseln, Körner, Rispen oder besonders originelle Blütenstände sammeln und zur Dekoration von Bildern oder Sträußchen verwenden. Diese Dinge passen farblich besonders harmonisch zum unbemalten Salzteig.

Bestecken · Bekleben

Dekorieren mit Gewürzen und Trockenblumen
Die beiden Teigfiguren, Vogel und Bauer, sind Kinderarbeiten, die ihre Originalität durch die reizvolle Dekoration aus verschiedenen Gewürzen und Sämereien erhalten.
Die Unterlage für den Bauern wird mit Hilfe einer Untertasse geformt. Dann werden alle Körperteile modelliert und auf der Unterlage mit wenig Wasser angeklebt. Die Gewürze und Trockenblumen werden angebracht und alles zusammen im Ofen gebacken.

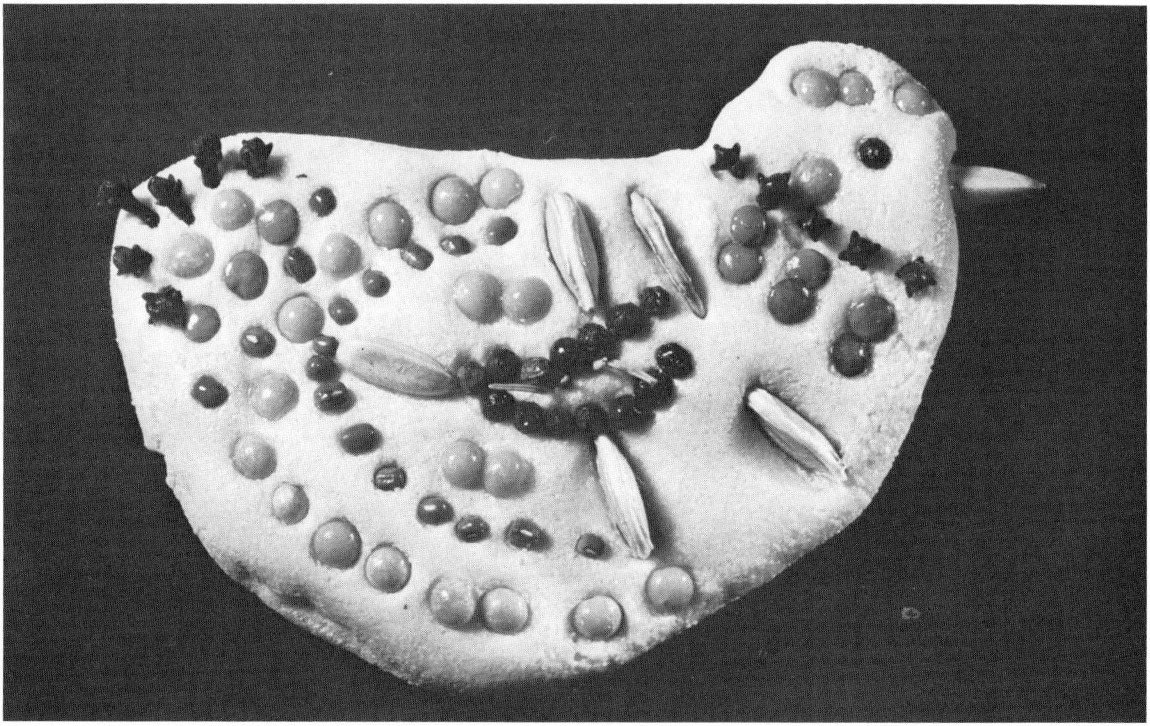

Grashalme, Blumen, Bäume aus Teig

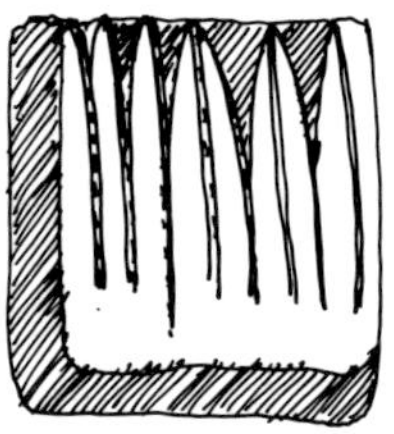

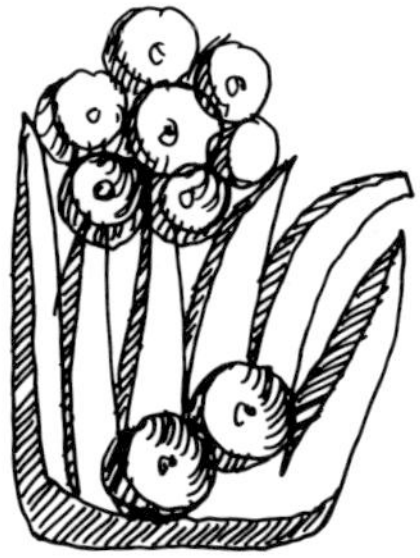

Die Zeichnungen zeigen, wie Sie eine Blumenwiese mit Apfelbaum aus Teig herstellen können. Die Grasbüschel werden stufenweise übereinander gelegt, die Blümchen werden zuletzt mit einem Tropfen Wasser aufgesetzt. Der Baum bekommt sein Blattwerk durch ausgeschnittene Blättchen, die Sie auf die Grundform legen. Oder Sie schneiden eine dickere Baumkrone aus und zerteilen diese mit einem Zahnstocher. Zuletzt setzen Sie die runden Äpfel auf.

kleiner Malkurs

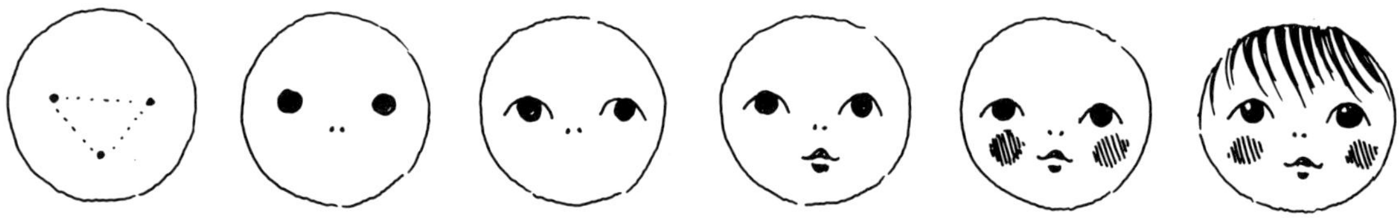

Das Bemalen des Gesichtchens ist wohl das wichtigste an einer Figur. Nach dem Grundieren mischen Sie Hautfarbe aus Weiß, einer Spur Ocker und wenig Rot. Zum Malen von Augen, Mund und Wangen benötigen Sie einen einwandfreien Rotmarder-Pinsel Nr. 01. Erst wenn das Gesicht gelungen ist, wird die restliche Figur „bekleidet". Es genügt dazu ein Kasten mit Wasserfarben. Soll ein Kleidchen weiß bleiben, so tragen Sie die Grundfarbe zweimal auf.

zuerst den Stuhl

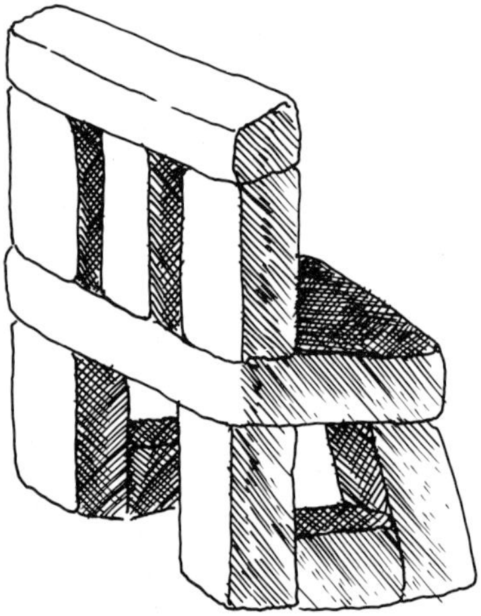

So wird ein Stuhl gemacht

Der Teig dafür muß besonders fest, also eher etwas zu trocken sein. Aus ca. 1 cm dickem Teig schneiden Sie zuerst alle Teile für den Stuhl aus und kleben sie mit Wasser zusammen. Der Stuhl wird mit der Rückenlehne nach unten auf das Backblech gelegt und bei Mittelhitze gebacken. Nach dem Erkalten wird der Torso der Figur, die darauf sitzen soll, geformt und auf den Stuhl gesetzt. Kopf, Arme und Beine werden angefügt und aus ganz dünn ausgerolltem Teig eine Schürze umgelegt. Nun wird das ganze Modell vorsichtig auf das Backblech gehoben und ca. 40 Minuten bei schwacher Hitze gebacken. Sehen Sie vorsichtshalber ab und zu nach, um sich zu vergewissern, daß die Figur ihre richtige Stellung beibehält.

stehende Figuren

Puppenhäuser oder Setzkästen sind der ideale Rahmen für solch kleine Figuren. Der Teig muß auch hier wieder recht fest sein, um die nötige Standfestigkeit zu garantieren. Es ist wichtig, daß die Figuren nicht zu groß gemacht werden, denn so ein Salzteigkopf ist schwer. Das kleine Mädchen auf der Abbildung ist in natura 5 1/2 cm hoch und wurde nach dem Formen auf eine 1 cm dicke Scheibe gestellt und so gebakken. Sie können die Figur auch nach einer Backzeit von etwa 15 Minuten hinlegen und fertig backen. Sie verhindern damit eventuelle Veränderungen der Form.

kleine Dinge

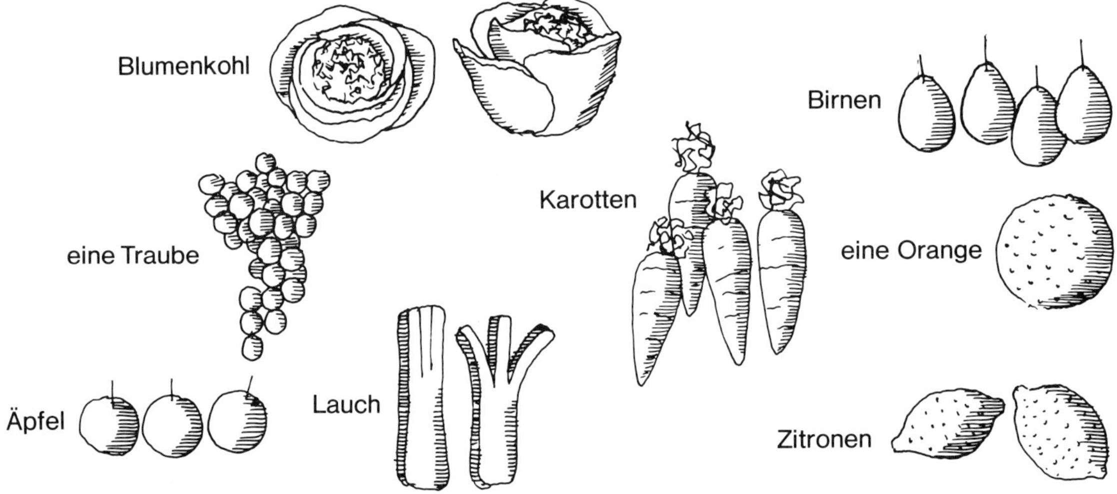

Je kleiner die Modelle sind, die man herstellen möchte, desto mehr Fingerspitzengefühl braucht man beim Modellieren. Auch beim Umsetzen der Figuren auf das Backblech muß man vorsichtig sein, damit man sie nicht zerdrückt. Als Birnen- oder Apfelstiele eignen sich Rosmarinnadeln.
Den Blumenkohl formen Sie nach der Teigrosen-Anleitung, nur mit dem Unterschied, daß Sie hier mit einer kleinen Kugel für die Mitte beginnen. Diese wird mit einem Zahnstocher „kohlmäßig" zerpflückt.
Für die Traube drehen Sie einige gleichgroße Kügelchen, die Sie der Traubenform entsprechend aneinanderfügen.

Heben Sie diese zarten Modelle am besten mit einem Backspachtel auf das Blech und backen Sie ca. 20 Minuten.
Nach dem Auskühlen wird das Gemüse in leuchtenden Farben bemalt. Leere Streichholzschachteln lassen sich als Gemüsekisten verwenden, indem sie kräftig grün bemalt und anschließend lackiert werden.

der Fischmann

So wie dieser Fischer können natürlich viele verschiedene Figuren aufgebaut werden.
Aus festem, 1 cm dickem Teig wird der Rumpf ausgeschnitten und modelliert. Der Kopf wird gerollt und aufgesetzt. Nun formen Sie den Korb nach dem Schema der kleinen Vase, und kleben ihn mit etwas Wasser an die Figur. Halstuch, Hände und Fische werden zuletzt angefügt. Der Fischer wurde auf dem Rücken liegend gebacken.

Rahmen

Besonders gelungene Stücke bekommen einen Rahmen. Es gibt sie in verschiedenen Größen und Ausführungen in Fachgeschäften und Warenhäusern zu kaufen. Auch aus gebeizten oder ungebeizten Vorhangringen aus Holz können Sie Minirahmen für Minifigürchen machen. Wichtig ist bei jeder Art Rahmen, sei er aus Holz oder Plastik, ein auf die Figur abgestimmter Hintergrund. Sie können Stoff-, Filz- oder Lederreste verwenden. Kleine Figuren fixiert man mit Doppelklebeband, größere hängt man an einen kleinen Nagel.

Es lassen sich auch jede Art Rahmen aus Salzteig selber herstellen. Dies hat den Vorzug, daß Sie alles von A - Z in der Küche herstellen können. Möchten Sie einen ovalen Teigrahmen herstellen, so zeichnen Sie sich eine Schablone auf Karton. Für runde Rahmen finden Sie im Haushalt jede gewünschte Größe zum Ausschneiden.

Solche Teigbilder können natürlich auch bemalt und lackiert werden.

Zum Ausklang

Aufbewahren: es ist von großer Wichtigkeit, daß Salzteigbilder oder -figuren nicht an einem feuchten Ort aufgehängt oder aufgestellt werden, denn das Salz im Teig zieht die Luftfeuchtigkeit an. Sollte eine Figur einmal weich werden, dann kann sie nochmals im Ofen gebakken werden. Am besten merken wir uns: Salzteigfiguren kommen weder ins Freie, noch in feuchte Korridore oder Keller.
Reparieren: Es kann vorkommen, daß eine Figur in Brüche geht, daß Teile davon nicht mehr gerettet werden können oder unauffindbar sind. Solche Teile ersetzen Sie, indem Sie diese aus frischem Teig nachformen, backen und schließlich an der Figur mit Klebstoff festkleben. Eine andere Möglichkeit ist, daß Sie das frischgeformte Ersatzteil gut an die zerbrochene Stelle andrücken und es langsam hartbacken. Wenn Sie so reparierte Stücke sorgfältig mit Farbe retuschieren, kann man die Bruchstelle beinahe nicht mehr erkennen. Sie haben also auch die Möglichkeit, einen vergessenen Korb, ein Kopftuch, Füße oder eine Hand nach dem ersten Backen hinzuzufügen und in einem zweiten Backgang festwerden zu lassen.

Ravensburger
hobby studio
Gisela Thieme Shields
Glasbilder und -ornamente
Ravensburger

Ravensburger
hobby studio
Jutta Lammèr
Freies Weben
Ravensburger

Ravensburger
hobby studio
Ines Beyer
Schalen und Körbe flechten
Ravensburger

Ravensburger
hobby studio
Christel Claudius
Wachs
Ravensburger

Ravensburger
hobby studio
Heike Harms
120 Sterne
aus Stroh und Papier
Ravensburger

Ravensburger
hobby studio
Jutta Lammèr
Span und Stroh
Ravensburger

Ravensburger
Hobby-bücher
Gerd Schenk
Makrameetaschen selbst geknüpft
Ravensburger

Ravensburger
hobby studio
Eva Schnellenbach
Bunte Eier – selbst dekorieren
Ravensburger

Ravensburger
Hobby-bücher
Jutta Lammèr
Klöppeln und Occhi
Ravensburger